Una gran comunidad

Fabiola Sepulveda

Notas para los adultos

Este libro sin palabras ofrece una valiosa experiencia de lectura compartida a los niños que aún no saben leer palabras o que están empezando a aprender a leer. Los niños pueden mirar las páginas para obtener información a partir de lo que ven y también pueden sugerir textos posibles para contar la historia.

Para ampliar esta experiencia de lectura, realice una o más de las siguientes actividades:

Hagan una lista de las personas que forman parte de una comunidad.

Comenten cómo se ayudan entre sí las personas de una comunidad.

Después de mirar las imágenes, vuelvan al libro una y otra vez. Volver a leer es una excelente herramienta para desarrollar destrezas de lectoescritura.

Al mirar las imágenes y contar la historia, introduzca elementos de vocabulario, como las siguientes palabras y frases:

- ayudante
- bibliotecaria
- bombero
- cajera
- cartero
- cocinera
- comunidad
- empleada
- enfermera
- entrenador
- familias
- guardaparques
- guardia de tránsito
- maestra
- médica
- oficial de policía
- personas
- tendera

Converse con el niño acerca de las personas que aparecen en el libro y los roles que cumplen en la comunidad. Recuerden que quienes aparecen trabajando también tienen su vida fuera del trabajo.

Asesora

Cynthia Malo, M.A.Ed.

Créditos de publicación

Rachelle Cracchiolo, M.S.Ed., *Editora comercial*
Emily R. Smith, M.A.Ed., *Vicepresidenta superior de desarrollo de contenido*
Véronique Bos, *Vicepresidenta de desarrollo creativo*
Dona Herweck Rice, *Gerenta general de contenido*
Caroline Gasca, M.S.Ed., *Gerenta general de contenido*

Créditos de imágenes: todas las imágenes cortesía de iStock y/o Shutterstock

Library of Congress Cataloging in Publication Control Number:
2024028110

Se prohíbe la reproducción y la distribución de este libro por cualquier medio sin autorización escrita de la editorial.

 | Teacher Created Materials

5482 Argosy Avenue
Huntington Beach, CA 92649
www.tcmpub.com
ISBN 979-8-7659-6182-7
© 2025 Teacher Created Materials, Inc.
Printed by: 926. Printed in: Malaysia. PO#: PO13820